EUGENE VERMERSCH.

UN MOT

AU PUBLIC.

LONDRES:
AVRIL, 1874.

UN MOT AU PUBLIC.

Les calomnies lancées contre moi dans ces derniers temps, avec un touchant ensemble, par la presse policière de Paris et par une bande de personnages se disant révolutionnaires, et résidant à Londres, m'obligent à donner au public quelques explications dont je lui demande infiniment pardon, mais qui sont devenues, pour ainsi dire, nécessaires. Qu'il se rassure du reste: je ne parlerai de moi que parce que j'ai à parler des autres. Les injures et les mensonges combinés des gredins d'au-delà et d'en-deçà du détroit ont peu le talent de m'impressionner, et voici deux ans et demi que j'écrivais : " je ne tiens pas plus à être estimé pendant ma vie qu'à être réhabilité après ma mort" (*Qui Vive!* No. 47). D'ailleurs, Proudhon a été traité de Bonapartiste ; on a accusé Marat d'être vendu à d'Orléans ; Blanqui fut publiquement qualifié de mouchard, avec de prétendues preuves à l'appui ; et Cloots et Hébert se virent affublés titre d'agents prussiens. Je ne suis pas en trop mauvaise compagnie, et je n'ai nulle envie de changer celle-ci pour celle-là. Ce qu'on va lire, n'est donc pas une justification, mais un réquisitoire : qu'on ne s'y trompe pas.

J'exposerai les faits avec le plus de calme possible,—sans passion et sans colère, car, en vérité, j'estime que ces sortes de gens ne méritent pas l'honneur d'une indignation, et qu'il suffit de faire défiler devant le public, sans autrement s'en émouvoir, ces petits compagnons.

I.

Dans un article rendant compte du meeting du 18 Mars, à Londres, le journal *Le Figaro* (pardon !) de Paris, portant la date du 21 Mars, 1874, publiait quelques détails, erronés pour la plupart, sur quelques-uns des réfugiés de la Commune à Londres, et sur moi avec les autres. Cet article, qui donne, par les erreurs sangrenues qu'il contient, une triste idée de la sagacité du reporter qui l'a écrit, était signé : *Alfred d'Aulnay*. Naturellement, ce gentilhomme, dont la délicatesse est connue, et qui a toutes les raisons du monde pour ne pas se mettre mal avec les gendarmes, m'y présentait personnellement, dans son estimable patois, sous les couleurs les plus odieuses et les plus ridicules qu'avait pu lui fournir son imagination féconde en ces sortes d'ordures. Or, dans le cours du susdit article, se trouvaient les lignes suivantes :

"L'ex-ministre Vaillant a fait venir sa femme à Londres, où elle a monté une grande maison de confection, aujourd'hui très-prospère. Elle pourvoit aux besoins de son mari, ainsi qu'à ceux de Martin, ex-chef de cabinet de ce bizarre ministre."

Cet alinéa, plus bizarre encore que le ministre en question, avait paru à tout le monde, et était, en effet, inexplicable : sottise de reporter mal informé, disait-on, et on passait, sans s'y arrêter davantage.

Sur ces entrefaites, le 24 Mars, vers les cinq heures de l'après-midi, comme je sortais de la bibliothèque du British Museum, je fus assailli par les deux intelligents fonctionnaires qui se trouvent désignés dans l'alinéa rapporté plus haut, et que je traduisis immédiatement, selon leurs mérites, devant les tribunaux correctionnels de Londres. Mais ce qu'il y a de curieux dans l'affaire, c'est que ces deux jeunes gens donnaient pour prétexte à leur lâche et stupide aggression, l'accusation, qu'ils portaient contre moi, d'avoir collaboré à l'article où j'étais moi-même présenté comme un pilier de taverne, comme un homme ordurier, et comme une espèce de monstre auquel le peuple anglais devrait refuser l'eau et le sel.

En vérité, c'est si bête que ça en arrive à être drôle.

Qu'on sache donc bien ceci :

Je suis sorti de la bourgeoisie par la grande porte, je n'y rentrerai point par la porte secrète : je connais trop bien pour cela ce que je vaux. Le jour où je m'adresserai à la presse réactionnaire pour venger mes injures, je ne m'abriterai pas derrière un pseudonyme,— et on sait que jusqu'ici, quand j'ai eu quelque chose à dire aux gens, je n'ai pas pris de faux-nez, ni de manchettes : le *Qui Vive!* le *Vermersch-Journal*, et mes derniers *Opuscules Révolutionnaires* sont là pour l'attester.

Que la cohabitation prolongée de deux hommes et d'une femme, qui certes sera tenue loin de ce débat, et dont je ne mettrai jamais pour ma part l'honneur en doute,—que cette cohabitation ait donné lieu de s'exercer à la malignité publique, c'est possible, mais ces bruits que j'ai considérés comme calomnieux,—que je considère encore, et considérai comme tels, malgré mes griefs personnels,—les ai-je inventés, ou seulement colportés ?

M'a-t-on vu dans les restaurants, dans les cafés, dans les public-houses, comme tant d'autres, potinant, cancannant, jacassant, dénigrant tout le monde et chacun, versant la médisance et hu mant la calomnie ? Ai-je été inspecter la cuvette ou la marmite des gens ? et quelqu'un aurait-il le front de prétendre que j'aie jamais cherché à m'immiscer dans quoi que ce soit, que j'aie sollicité son amitié, ou que, l'ayant conquise, je l'aie trahie ? je défie qu'on me fasse un reproche de ce genre. Je vis seul, ne voyant que quelques amis aussi peu soucieux que moi des bavardages, des commérages et du reste,—et pensant qu'il est pour le moment d'autres besognes à faire, plus utiles qu'une diffamation quotidiennement chuchotée à l'oreille.

Que ceux qui ont à se plaindre de l'intempérance des mauvaises langues s'en prennent à ces beaux parleurs qui, toujours avides de scandales, monteraient sur les toits pour crier ce qu'ils savent, quand ils ont recueilli le moindre propos pouvant prêter à des commentaires injurieux pour quelqu'un !

Vraiment, oui, les journalistes parisiens, de passage à Londres ont bien besoin qu'on leur fasse un rapport sur la proscription ! Qu'ils aillent passer une heure dans un des cafés du West-end, ou diner dans un restaurant français, ou seulement s'accoter dix minutes dans un des public-houses où fréquentent les réfugiés,—et ils en savent assez pour bâcler une demi-douzaine d'articles comme ceux dont ils régalent de temps à autre la badauderie réactionnaire. Ajoutez à cela qu'il a dû leur être bien difficile de faire causer les vertueux communistes et autres français établis à Londres, avec lesquels ils ont fait route dans leur voyage à Chislehurst.

II.

Quelques jours après que l'accusation d'écrire au *Figaro*, journal légitimiste, s'était produite, le même *Figaro* publiait une lettre d'un personnage resté inconnu,—lettre d'après laquelle il ressortait que, pris d'une ambition démesurée et qui n'avait plus rien d'humain, j'avais aspiré à servir l'homme

> Que l'histoire appelle ce drôle,
> Et Troplong Napoléon trois.

Cette lettre, paraît-il, avait été saisie dans la correspondance du simple filou nommé Hugelmann.

Devant cette imposture effrontée, je demeurai un instant en admiration. L'audace de la crapuleuse magistrature française me stupéfiait. Mais, comme disait Hébert, *tricherie revient à son maître* : pour réfuter l'accusation, je n'avais qu'à prendre les termes mêmes,—et j'adressai au *Times*, qui l'inséra aussitôt avec sa courtoisie habituelle, dans son No. du mercredi 1er avril, 1874, la lettre suivante :

a Monsieur le rédacteur du TIMES.

"MONSIEUR,—Au cours du procès Hugelmann, une grave calomnie, émanée du Ministère public français, a été lancée contre moi, et il m'est interdit, vous le savez, d'y répondre dans le pays où elle s'est produite : puis-je espérer de l'impartialité du *Times* l'insertion de ces quelques lignes qui ne laisseront aucun doute sur le fait dont il s'agit :

" M. Campenon, faisant fonction de substitut dans l'affaire Hugelmann, a lu dans son réquisitoire un fragment d'une lettre,—dont il a eu le tort de ne pas nommer le signataire,—adressée de Londres à l'accusé, sans doute par un de ses agents subalternes, et dans laquelle l'auteur dit 'qu'il vient de me voir sur ma prière, et que j'ai demandé à ce que l'empereur Napoléon III subventionnât mon journal.'

"L'imputation est directe, et fabriquée de manière à obtenir créance ; elle ne pèche que par un petit côté : elle porte la date du 19 août, 1872.

"Or, le 17 Juin, à la suite d'une discussion avec les imprimeurs sur la gestion matérielle du journal, je me retirais de l'association en assez mauvais termes,—en si mauvais termes même que le lendemain, 18, le numéro de *l'Union Démocratique*, portant la date du mercredi 19 juin, 1872, contenait en tête de ses colonnes la note suivante :—'A nos lecteurs. A partir de ce jour, le sieur Vermersch ne fait plus partie de la rédaction, ni de l'administration du journal *l'Union Démocratique*.' Je n'ai pas besoin d'ajouter que jamais je ne remis les pieds aux bureaux de cette feuille.

"Il y avait donc au 19 août, 1872, deux mois pleins que je n'avais plus de journal.

"Maintenant, faut-il voir dans la lettre de l'agent d'Hugelmann, une manœuvre analogue à celle du célèbre document Taschereau, fabriqué en 1848 au Ministère de l'Intérieur ? J'inclinerais assez à cet avis, ou bien Hugelmann avait-il des correspondants qui gagnaient leur salaire en ne lui fournissant que des renseignements de leur invention ? Ou bien, enfin, la démarche dont il est question a-t-elle était faite réellement par les deux individus qui m'ont remplacé à *l'Union Démocratique*, et qui auraient fait croire à l'agent d'Hugelmann que j'en faisais toujours partie, pour obtenir, au moyen de mon nom, une subvention qu'on eût refusée à leur obscurité ?

"C'est ce que je n'ai pas à examiner ; j'avais seulement à établir qu'au 19 août, 1872, jour où on me fait demander une subvention pour mon journal, il y avait deux mois que je n'avais plus de journal, et j'ajoute : je n'en ai jamais eu depuis.

"Veuillez agréer, Monsieur, avec toute ma r econnaissance, l'expression de mes meilleurs sentiments.

EUG. VERMERSCH.

"Londres, 30 mars, 1874."

Ainsi tombait dans le mépris cette pièce manifestement fabriquée par la police française, car les coquins de Paris n'ont pas plus d'imagination que les coquins de Londres,—et sur laquelle on avait sans doute beaucoup compté rue de Jérusalem.

Inutile de dire que les journaux de Paris qui avaient publié l'attaque, se gardèrent bien de publier la réponse : les gredins de tous les pays se ressemblent.

Inutile de dire aussi que les deux individus traduits par moi devant les tribunaux correctionnels, se jetèrent, ainsi que leur bande, dont je parlerai plus loin, sur le document Hugelmann. Quelques-uns même de ces drôles ont affirmé qu'ils avaient des preuves écrites de mes relations avec Chislehurst.

Eh bien ! s'ils eu ont, qu'ils les montrent et qu'ils les publient ! je les en défie ! Le journal *l'Autographe*, de 1872, a reproduit le fac-simile d'une lettre de moi,—et mon écriture n'est pas si rare qu'on ne trouve à Londres quelques personnes qui la connaissent bien : il sera donc facile de me convaincre, si j'ai jamais écrit une ligne, un mot seulement, à n'importe qui tenant de près ou de loin à Chislehurst.

Jusque-là, je ne cesserai de répéter qu'ils en ont menti impudemment, comme de triples jésuites qu'ils sont !

III.

Ce n'est d'ailleurs pas la première fois que des accusations de ce genre pleuvent sur moi.

Jusqu'ici, malheureusement pour eux, les accusateurs n'ont pas eu de chance : ils ont été déboutés de leurs conclusions par le mépris public.

Il y a deux ans aussi, j'étais vendu à Bonaparte, j'étais vendu à d'Orléans,—j'étais vendu à Chambord : où se l'arrachait, quoi ! Je correspondais avec les journaux de la réaction : qui pouvait en douter ? O m'avait vu mettre les lettres à la poste; oui, on m'avait vu ! Qui ? *On*, parbleu ! D'autres allaient plus loin : quelqu'un m'avait vu changer dans Coventry, je crois, trente-cinq mille francs de valeurs !

A quel moment ces immondices étaient-elles vomies par les bouches prostituées ! à quelle époque avais-je à mes trousses cette bande de chiens obscènes ?

Au temps où je faisais, Greek-street, 59, ces pauvres diables de journaux qui furent le *Qui Vive*, et le *Vermersch-Journal*,—où pendant près de sept mois, je ne touchai, moi, rédacteur en chef d'une feuille quotidienne, que des appointements qui varièrent toujours entre trois et dix shillings par semaine, et ne dépassèrent jamais cette dernière somme,—où je trottais dans la crotte de Soho, au cœur de l'hiver, avec des souliers percés, et un ridicule pardessus gris, avec lequel j'avais passé la frontière Belge au mois de juillet,—où, le ventre vide la plupart du temps, j'accomplissais un travail qui commençait à cinq heures et demie du matin par la traduction des dépêches anglaises, pour finir le soir à neuf ou dix heures par la correction des épreuves,—où j'habitais avec Sornet, l'ancien imprimeur du *Père Duchesne*, et compagnons de toutes ces misères, cette chambre de Howland-street dont nous ne pouvions presque jamais acquitter le loyer,—où trente, quarante, cinquante réfugiés qui venaient me voir dans ce taudis infect de Greek-street, qui était l'imprimerie du journal, pouvaient constater le luxe singulierde cet homme vendu à tous les partis et qui correspondait avec les feuilles lés plus riches de la capitale !

Et qui donc menait contre moi ce bataillon d'injures,—dont je n'étais pas effrayé certes, car j'étais sûr de n'en pas mériter une seule?

Quelques gars, tarés jusqu'à la möelle, dont j'avais qualifié, comme elle le méritait, la conduite dans l'incident Bradlaugh, alors que la majorité de la société des réfugiés de l'époque se déshonorait en acceptant l'aumône d'un homme qui avait insulté publiquement, à la face de l'Angleterre, l'insurrection du 18 mars tout entière, et qui venait ensuite lui jeter dédaigneusement quelques pense, en guise de consolation ! A la tête de ces calomniateurs, marchait cet héroique Matuszewicz, dont on a vu depuis la belle tenue à Versailles où il bava de toutes ses gencives sur le peuple vaincu,—cet homme qui j'avais dès le début traité de capitaine de jésuites en robe courte, et à la suite duquel se trainait une troupe de gens aussi crédules devant le mal que difficiles à convaincre du bien, et qui ont dû, cependant, à la fin reconnaitre à quel point ce coquin s'était moqué d'eux.

Dès lors, les accusations avaient le même caractère qu'aujourd'hui : La *Liberté* (de Paris) du mardi 7 Janvier, 1872, ayant publié un article intitulé : *Vermersch et les Communeux à Londres*, où j'étais insulté autant qu'il se pouvait, l'illustre capitaine en question et ses amis insinuèrent que j'en étais l'auteur. Depuis, on découvrit que le correspondant de la *Liberté* n'était autre que le sieur Matuszewicz lui-même,—et ce qu'il y a de pire, c'est qu'un des membres de la commission des réfugiés m'avoua par la suite que cet article avait été comploté avec une partie des membres de la commission.

On peut juger par ce seul fait de la bonne foi et de l'honnêteté politique dont disposent mes calomniateurs habituels.

IV.

Mais, dit-on, vous avez attaqué la Commune!

La Commune? Pas précisément. Un certain nombre de membres de la commune et de hauts fonctionnaires civils et militaires du 18 mars, à la bonne heure! Ceux-là, oui, certes, je les ai attaqués, et je m'en fais gloire. Je n'ai pas attendu pour cela que nous fussions à Londres, et le *Père Duchesne* ne leur envoyait pas dire ce qu'il pensait, et ils étaient le gouvernement alors! Assurément, j'ai dit leur fait à certaines gens,—et c'était mon droit : nous ne sommes ici, et six ou sept mille hommes du peuple ne sont à Nouméa et à l'Ile des Pins, que par la faute de ceux qui sollicitèrent les premiers postes de la cité, sans avoir aucune des qualités nécessaires pour les remplir. Nous payons tous pour leur sottise, et le sang des trente mille fusillés des journées de mai retombera éternellement sur leur tête. Et nous devions tomber en adoration devant ces puissants génies! nous devrions leur casser l'encensoir sur le nez! nous devrions leur chanter des hymnes, et leur dresser des autels! Allons donc!

J'eusse manqué à tous mes devoirs de publiciste révolutionnaire en n'usant pas de mon independance pour dire ce qui était la vérité,—et en ne faisant pas dans l'intérêt du peuple l'œuvre qui m'incombait, de quelque mince importance qu'elle fût!

— Qu'on veuille bien faire attention à ceci :

Je n'ai eu, moi, sous la commune, ni grade, ni place, ni honneurs, ni faveurs d'aucune sorte,—je ne me suis pas fait camper des plumets sur le chef, ni broder des pots de fleurs dans le dos,—je ne me suis pas attribué, sur l'argent du peuple, une allocation de quinze francs par jour tandis qu'on trouvait qu'une solde de trente sous suffisait aux gardes nationaux,—je ne me suis pas fait loger dans un palais, moi, ma maitresse, mes marmitons, mes courtisans et mes porte-cotons, —je ne me suis pas servi de mes amitiés pour faire relâcher les béguines, les calotins et les mouchards arrêtés par les patriotes,—je n'ai pas été honnête et modéré,—je n'ai pas demandé la grâce des traitres et des espions,—je n'ai point protesté contre l'exécution de Lecomte et de Clément Thomas,—je n'ai pas fait un rempart de mon corps à la Banque de France,—je n'ai pas décrété qu'on ne rendrait, à des malheureux épuisés par huit mois de guerre incessante, que leur objets engagés au Mont-de-Piété pour une valeur inférieure à vingt francs,—je n'aie pas fixé à trois francs cinquante la journée de l'ouvrier Paris,—je n'ai point protégé la propriété contre le prolétariat,—je n'ai point trouvé qu'il valait mieux laisser vides les hôtels des Champs-Elysées et du noble faubourg que d'y loger les enfants et les femmes de ceux qui se battaient pour le triomphe de la révolution,—je ne me suis pas fait donner mille francs pour me sauver, tandis qu'aux barricades le peuple manquait de vivres, —et je n'ai emporté aucune caisse dans mon exil !

C'est pourquoi j'ai le droit de parler,—et c'est pourquoi je parle ! c'est pourquoi j'ai le droit de dire qu'il y avait des imbéciles parmi les membres de la commune ; c'est pourquoi je l'ai dit et je le répète.

Cependant, je dois le déclarer, je n'aurais point récriminé, je n'aurais point soulevé ces questions brûlantes de responsabilité, je me serais tu, en un mot, si certains de ces hommes, à l'insuffisance desquels il faut attribuer la défaite du peuple, avaient cherché à se faire oublier et avaient pris l'attitude modeste qui convenait après ces tristes journées ; leur silence eût été compris,—et s'ils avaient eu l'air de vouloir prendre leur retraite, et d'abandonner la scène politique, personne, sans doute, n'eût été les prendre à partie, et les troubler dans leur solitude. Mais puisque, loin de se tenir à l'écart et de s'effacer, ces hommes affichèrent la prétention de vouloir ressaisir un jour le pouvoir et confisquer une fois encore la Revolution, il devint du devoir de tous ceux qui avaient une voix ou une plume de leur rappeler qu'ils n'avaient point précisément mérité des couronne murales et des arcs-de-triomphe,—et ce n'était point là faire une mauvaise besogne, c'était faire œuvre, au contraire, de bon révolutionnaire. "La révolution est dans le peuple, a dit Saint-Just, et non dans la réputation de quelques personnages." Eh bien ! oui ! que les individus disparaissent, et que la révolution soit sauvée !

Telle a été ma conviction, telle elle est encore, et voilà ce qui a guidé ma conduite. Aussi n'ai-je point été fouiller dans le passé de ceux que je combattais ; je n'ai point attaqué leur vie privée dont je ne me suis même jamais inquiété ; je ne leur aipoint reproché un seul de leurs actes antérieurs ou postérieurs à la commune : je ne me suis attaché qu'à leur conduite, et à leur conduite politique, pendant l'insurrection. Qu'ont-ils donc à se mettre en colère? il fallait mieux faire : tout le monde les louerait. Mais ce que j'ai dit, l'histoire le dira, et plus sévèrement sans doute,—et ils persuaderont difficilement à la postérité qu'ils ont vaincu les troupes régulières et qu'ils ont fait fusiller à Satory M. Thiers et ses ministres.

V.

Au fond, mes adversaires savent parfaitement que je ne suis l'agent d'aucun parti, et que j'ai moins de rapports qu'eux avec les journaux réactionnaires,—car, moi, je ne leur ai jamais demandé l'insertion de quoi que ce soit, et ils ont pu m'injurier et me calomnier tout à leur aise; sans que j'aie jamais daigné seulement leur écrire : " Vous êtes des imposteurs ! "

Depuis 1871, j'ai été vilipendé, ridiculisé, caricaturé, bafoué, trainé dans la boue, par la réaction : plume, crayon, journal, livre, brochure, tout a été employé contre moi, par tous les partis indistinctement, avec un acharnement tel qu'il faut remonter jusqu'aux saletés débitées contre Marat pour en avoir une idée; je m'en suis moqué, comme de raison. Il restait, pour combler la mesure, qu'un prétendu groupe révolutionnaire fit chorus avec les gueux de la presse française, et s'efforçât de les surpasser !

Oui, il y a, ici, à Londres, une soi-disant société politique qui s'intitule fièrement COMMUNE RÉVOLUTIONNAIRE, et qui, fondée d'abord avec un certain nombre d'éléments sérieux qui s'en sont successivement retirés, est devenue le réceptable de ce qu'il y a de plus taré dans la proscription. Là, nulle idée politique, nul système d'ensemble : des vanités, des appétits et des peurs, et voilà tout; et pour principe, celui des jésuites; " Par tous les chemins à un seul but,—et on peut tout faire pour réussir.'' Malheureusement, on fait tout, en effet, on ose tout, mais on ne réussit pas tout de même, et on se borne à essayer de refaire ridiculement on ne sait quelle espèce de conjuration de Catilina dans une chaufferette. Il faut arriver ! On veut percer quand même,—et pour me servir d'un mot célèbre, on perce—comme un abcès. Pour perdre l'homme auquel on en veut, tous les moyens sont bons : mensonges, calomnies, insinuations, manifestatations ; il n'est infamie, turpitude, ignominie, qui ne trouve ses propagateurs enthousiastes. Les chefs de file, d'autant plus autorisés, ce semble, qu'ils sont plus vereux, indiquent le mouvement : le troupeau suit. Ces sortes des gens sont de gars à s'embusquer bravement à une dizaine, comme des larrons, et à se jeter en tas sur l'homme qu'ils croient avoir à redouter un jour. On les a vus le jour où les deux individus que j'ai traduits en police correctionnelle passèrent devant le tribunal de Bow-street : ils étaient venus quarante ! On cherchait des yeux Ali-Baba !

Voilà le monde qui m'attaque, et qui le dispute en invectives contre moi aux plus vils polissons du *Figaro*, du *Paris-Journal*, et de la *Patrie*. Il est vrai que j'ai qualifié cette bande de '' Société de protection mutuelle des voleurs à la tire,'' et que j'ai été ainsi l'écho de la conscience publique révoltée, je savais qu'il pourrait m'en cuire; mais tant que j'aurai un tronçon de plume au bout des doigts, on ne m'empêchera pas de dire ma pensée ! Les actes politiques des hommes politiques peuvent et doivent être discutés, fût-ce par le plus humble, et par le plus infime de ceux dont ils ont été les mandataires,—et chacun a le droit de juger un gouvernement tombé en pen dant la révolution, surtout quand il a la prétention d'être encore le gouvernement de l'avenir !

Le gouvernement de l'avenir !

Ah ! oui ! ce serait quelque chose de joli et de propre que celui de ces hommes qui, tout couverts du sang du peuple et les mains pleines de l'or qu'ils lui ont pris dans les poches, viendraient de nouveau faire leurs affaires à l'Hôtel-de-Ville, se voiler la face devant la rue Haxo et se sauver ensuite, en enveloppant à la hâte dans un morceau de drapeau rouge la solde des meurt-de-faim assassinés.

Plutôt que de revoir ces choses, puissons-nous mourir tous dans un exil sans fin et ne plus jamais remettre le pied sur la terre de la patrie !